김영민

서울대학교 정치외교학부 교수. 브린모어대학교 교수를 역임했다. 동아시아 정치사상사, 비교정치사상사 관련 연구를 하고 있으며, 그 연장선에서 중국 정치사상사 연구를 폭넓게 정리한 《A History of Chinese Political Thought》(2017)와 이 책을 저본 삼아 국내 독자를 위해 내용을 확장하고 새로운 문체로 담은 《중국정치사상사》(2021)를 출간했다. 산문집으로 《아침에는 죽음을 생각하는 것이 좋다》(2018), 《우리가 간신히 희망할 수 있는 것》(2019), 《공부란 무엇인가》(2020), 《인간으로 사는 일은 하나의 문제입니다》(2021), 《인생의 허무를 어떻게 할 것인가》(2022), 《인생의 허무를 보다》(2022), 《가벼운 고백》(2024), 《한국이란 무엇인가》(2025)를 펴냈다.

메일링 리스트	homobullahomobulla@gmail.com으로 자신의 이메일 주소를 보내주시면 김영민 작가 소식용 메일링 리스트에 가입됩니다.
인스타그램	kimyoungmin_photo_archive

드립력

1판 1쇄 인쇄 2025. 11. 3.
1판 1쇄 발행 2025. 11. 28.

지은이 김영민

발행인 박강휘 **편집** 방지민·김성태 **디자인** 정윤수 **마케팅** 정희윤 **홍보** 이수빈
발행처 김영사
등록 1979년 5월 17일 (제406-2003-036호)
주소 경기도 파주시 문발로 197(문발동) **우편번호** 10881
마케팅부 전화 031)955-3100 **편집부 전화** 031)955-3200 **팩스** 031)955-3111

저작권자 ⓒ 김영민, 2025
이 책은 저작권법에 의해 보호를 받는 저작물이므로
저자와 출판사의 허락 없이 내용의 일부를 인용하거나 발췌하는 것을 금합니다.

ISBN 979-11-7332-410-9 02810

홈페이지 www.gimmyoung.com **블로그** blog.naver.com/gybook
인스타그램 instagram.com/gimmyoung **이메일** bestbook@gimmyoung.com

좋은 독자가 좋은 책을 만듭니다.
김영사는 독자 여러분의 의견에 항상 귀 기울이고 있습니다.

사회적 이상은 쉽게 이루어지지 않고, 개인의 구원은 쉽게 오지 않는다. 중요한 것은 구원의 여부보다 무엇을 하며 구원을 기다릴 것인가다. 내일 지구가 멸망해도 사과나무를 심는 바뤼흐 스피노자처럼, 오늘도 심신의 건강을 보살피며 드립을 치는 거다. 별생각 없이 치는 거다. 그래야 마음의 여유를 잃지 않을 수 있다. 마음에 여유가 없다고 책을 읽지 않으면 마음의 여유가 더 없어지듯, 바쁘다고 드립을 무시하면 마음의 여유가 더 없어진다.

한 해의 마지막 날. 휴일 복도 끝에서 울려 퍼지는 호른 연주 연습 소리와 같은 평화가 깃들기를 기원한다.

12
December

31

목
Thu

1

January

			1	2	3
4	5	6	7	8	9	10
11	12	13	14	15	16	17
18	19	20	21	22	23	24
25	26	27	28	29	30	31

한 해가 간다는데, 왜 이렇게 마음은 늙지 않는 거냐. 왜 재가 되지 않는 거냐.

12
December

30

수
Wed

인간은 필멸자必滅者다.
따라서 인생의 목표는 승리가 아니다.
우아한 패배다.

1
January

1

목
Thu

신정

내가 저지른 일은 내 책임일지라도, 그 일을 저지른 나는 내 책임인가.
생각이 여기까지 이르면 조금 너그러워지기 시작한다.

12
December

29

화
Tue

산다는 일은 그냥 사는 것뿐 아니라 우리가 수혜자이자 피해자이자 목격자인 삶이란 사태를 바라보는 일이기도 하다. 그래서 우리는 읽고 쓴다.

1
January

2

금
Fri

〈패터슨〉(2016)은 좋았다. 삶 전체를 다루는 영화다. 처음 시와 마지막 시 그리고 월요일과 그다음 월요일을 다루고 있으므로.

12
December

28

월
Mon

삶은 끝이 있는데, 공부는 끝이 없다는 사실을 새삼 확인할 때, 웃어야 할지 울어야 할지 잘 모르겠다.

1
January

3

토
Sat

성사聖事를 집전하는 종교시설에 앉아 있어도 큰 울림은 없다. 그러나 나는 나를 일부로 하되 나보다 큰 어떤 것이 있다고 느낀다. 그 점에서 나는 종교적이다.

12 December

27

일 Sun

원자력의 날

'진리'에 대한 열망과 겸손이 사라진 교수들을 조심해야 한다. '진리'가 있던 자리에 무엇을 대신 가져다 놓을지 모른다. 후대의 불안과 전대의 노욕을 이용해서.

1 January

4

일 Sun

목도리 잃어버렸다고 목도리 수호신이신 목도리도마뱀에게 기도했다. 제 목을 돌려주세요.

12
December

26

토
Sat

잘 살기 위해서는 짊어져야 할 적절한 하중이 필요하다. 너무 가벼우면 땅에 발을 딛고 살 수 없고, 너무 무거우면 한 발자국도 움직일 수 없다. '아이를 낳을 것인가, 몇 명이나 낳을 것인가, 얼마나 열심히 일할 것인가?' 같은 질문은 인생의 하중을 조절하기 위한 질문이다.

1 January

5

월
Mon

소한

오늘이 끝나기 전에 중얼거려보는 말,
사랑.

12
December

25

금
Fri

성탄절

할 수 있는 일을 하고, 할 수 없는 일을 하지 말자. 이 다짐만 지킬 수 있으면 된 것이다.

1
January

6

화
Tue

사랑하는 사람에게만 사용하려고 아껴둔 애칭이 있다.
스프링롤. 내가 당신을 "나의 스프링롤"이라고 부르면, 그것은 당신을 아주 사랑한다는 뜻이다.
업무에 참고하시기 바랍니다.

12
December

24

목
Thu

옛 권력자들은 죽기 전에 인생이 한 편의 꿈과 같다고 중얼거리며 죽었다. 그 기록을 읽는 현대인은 이제 인생이 한 편의 꿈이라는 것을 알고 있다. 현대인의 삶은 거대한 자각몽이다.

오랜만에 만난 대학 동창 몇몇이 요즘 뭐 하냐고 묻길래, 진리를 탐구하는 중이라고 대답했다. 그것은 "어제 뭐 먹었어"라는 질문에 대해 "영성체"라고 대답하는 일과 같은 것이었다.

12
December

23

수
Wed

천국에는 아무나 갈 수 없다. 거긴 관계자 외 출입 금지 구역이라니까.

1
January

8

목
Thu

한 학기 수업이 끝났다. 개선할 점에 대한 지적도 물론 있었지만, 칭찬과 감사의 표현도 있었다. "평상시 교수님을 뵐 때 너무 심각한 표정이셔서 수업 때와 많이 달라 조금 놀랐습니다." "수업이 힘들어도 '하기 싫다'는 기분은 단 한 번도 들지 않았던 신기한 수업."

12
December

22

화
Tue

동지

애타게 바라는 것은 대개 오지 않기에, 삶은 기다림의 연속이다. 관건은 무엇을 기다리느냐는 것이다. 무엇을 기다리느냐에 따라 기다리는 동안 하는 일이 달라지고, 기다리는 동안 하는 일이 무엇이냐에 따라 그 사람 인생이 달라진다. 가장 한심한 것은 남을 흠잡고 싶어서 남이 잘못하기를 기다리며 사는 인생이다. 차라리 고도Godot를 기다리는 게 낫다.

1
January

9

금
Fri

겨울은 사람들이 "조용히 절박한 삶을 살아간다"라고 한 헨리 데이비드 소로의 말이 어울리는 계절. 사람은 계절과 무관하게 절박하지만, 겨울이 되면 말수가 준다.

12
December

21

월
Mon

어린 시절 쓴 일기에 배부른 돼지고기가 되느니 배고픈 소고기가 되겠다는 대목이 있다. 대체 무슨 포부였을까.
소크라테스와 소고기는 같은 소씨라고 생각한 걸까.

1
January

10

토
Sat

이 우주에 주어진 텍스트 혹은 현상을 오롯이 재서술하는 능력이 부족함을 절감한다. 생각의 시작과 끝은 재서술이다.

12
December

20

일
Sun

골키퍼는 가만히 있었다는 말을 듣기 싫어 일단 몸을 던지고 본다. 인생의 결정이 대개 그러하다.

1
January

11

일
Sun

북토크에서 내가 위로받았던 순간. 누군가 사인을 청하면서 "죽으려고 했다가 이 책을 읽고 마음을 고쳐먹었어요"라고 짜내듯 말하고서 도망치듯 자리를 떴다. 그의 표정, 어투, 몸짓.

12 December **19** 토 Sat

오늘은 율리우스 카이사르가 루비콘강을 건넌 날.

대체로 사람들은 루비콘강을 건너지 않는다. 자신의 루비콘강이 어디 있는지도 <u>모르므로</u>.

1
January

12

월
Mon

Q : 연말 선물 뭘 해줄까요?
A : 따뜻한 말 한마디.

12
December

18

금
Fri

누구나 인생행로에서 많은 산을 넘어야 한다. 산에는 두 종류가 있다. 산 그리고 산 넘어 산.

1
January

13

화
Tue

소를 잃고 나면
소 잃고 외양간 고치는 사람이 있고
'소 잃은 외양간'이라는 간판을 붙이고 관광지로 만드는 사람이 있다.

인류의 미래를 예측해보라고 하면 이렇게 말할 수 있다. 사람들은 점점 더 오래 살게 되지만, 출산율은 줄어들 것이다. 그리고 자신의 삶을 통제할 수 있는 기제(이를테면 사무라이의 할복 같은 것)는 어떤 식으로든 제도화될 것이다.

1
January

14

수
Wed

분변적 상상력 scatological imagination은 문명의 오만을 깨우치는 데 효과적이다. 침, 똥, 오줌이 더러운가? 조금 전까지 다 당신 안에 있던 것들이다. 지금 이 순간에도 당신 안에 있는 것들이다. 인간은 침이자, 똥이자, 오줌이다.

12
December

16

수
Wed

살바도르 달리의 고향에 가니 달리가 달리 보였다. 초현실주의자가 그린 것은 결국 자신의 현실일 뿐이다.

1
January

15

목
Thu

잘 먹고 플랭크를 하니까, 배로 가던 살들이 길을 잃고 온몸에서 방황하는 것 같다.

12
December

15

화
Tue

실수의 깨달음은 부고처럼 늦게 온다. 인생의 오타는 왜 나중에 보이는 걸까.

1 January

16

금 Fri

나르시시스트는 자기 자신을 덕질하는 사람이다. 자신의 일거수일투족에 관심을 기울이고 자신과 함께 아파하고, 삼시 세끼 조공하고, 관련 행사에 빠지지 않고 참석해 울고 웃는다. 팬 미팅도 하고 팬클럽도 만든다. 혼자서.

12 December

14

월 Mon

외로울 때가 제정신이다.

1
January

17

토
Sat

오늘도 건강을 보살핀다. 아집들과 편견들이 죽어 묻힌 무덤 위에서 말할 계획이므로.

12 December

13

일 Sun

공부는 한가할 때가 아니라 바쁠 때 하는 거다. 그리고 공부는 바쁠 때 더 잘된다.

1 January

18

일 Sun

기억에 남는 두 편의 영화 대사.
"쓸데없는 소리 말고 맘을 비우고 인간을 사랑하도록 노력해라. 착한 여자다."
〈스위트 앤드 로다운〉(1999)의 대사.
"뺏기지 않겠다는 의지도, 뺏길지도 모른다는 두려움도 아닌 그의 무표정이 어떤 남자를 떠오르게 한다. 한없이 강하고 고요했던 남자를."
〈스틸 라이프〉(2006)의 대사.

12
December

12

토
Sat

한숨과 심호흡의 차이를 생각한다. 대개 그렇지만, 종이 한 장 차이가 많은 것을 바꾼다. 그 한 장의 차이를 만들기 위해서는 많은 노력이 필요하다.

1
January

19

월
Mon

최연소 박사를 성취로 간주한달지, 잡지의 편집진을 더 젊은 세대로 바꾸는 걸 성취로 간주한달지, 정치판에 더 젊은 사람을 수혈하는 걸 성취로 간주한달지….
이 모든 논의에는 정작 중요한 질문이 빠져 있다.
그에게 과연 적합한 능력이 있는가.

세상에는 세 종류의 신발이 있다. 주인을 기다리는 신발, 주인을 잃은 신발, 주인을 잘못 만난 신발. 당신은 어떤 신발인가.

1
January

20

화
Tue

대한

자신의 한계를 직시하는 두려움과 어떤 보답도 바라지 않는 외로움에 대해서 생각한다.

12
December

10

목
Thu

세계 인권의 날

치과에 다녀왔다. 난 고칠 곳이 많은 사람이라는 사실을 새삼 깨달았다. 사람은 고집스러운 존재여서 자기 반성을 싫어한다. 강연이나 조언을 들었다고 자신의 결점을 깨닫는 경우는 드물다. 그러나 치과는 다르다.

1
January

21

수
Wed

기생충을 향한 최대의 복수는, 기생충에 기생하는 것이다.

12
December

9

수
Wed

희망이 있어서 희망을 갖는 게 아니다.
희망을 가진 사람이 되고 싶어서 희망을 갖는다.
절망한 사람이 되고 싶지 않아서 절망하지 않는다.
누구도 희망을 뺏을 수 없다.

1
January

22

목
Thu

남들이 잘 찾지 않는 아침 시간, 호젓한 미술관에 단둘이 있는 순간, 그러나 각자의 목표에 집중하고 있는 순간을 로맨틱하다고 생각한다. 미술관 2층에 올라가보니 아침부터 도자기 파편을 연구하는 학자들이 모여 있어서, 나의 로맨틱 모멘트는 파편화되었다. 이것은 언젠가 어떤 미술관에 들렀던 내 기억의 파편이다.

12
December

화
Tue

한파경보가 울렸는데, 경보를 통해 모르는 내용을 알게 된 적은 없다. 나를 놀라게 하는 건 경보의 내용보다는 경보 자체. 벨을 울리지 말고 다정하게 쓰다듬어주기를. 그 다정함에 놀랄 수 있도록.

1
January

23

금
Fri

종종 꾸는 꿈이 있다. 사나워 보이지만 사실은 외롭고 소심한 짐승이 달려오는 꿈.

12 December

7

월 Mon

대설

선생님 댁에 다녀왔다. 높은 천장, 추운 실내, 오래된 책, 야윈 고양이, 흐르지 않거나 혹은 너무 흘러버린 시간들.

1 January **24** **토** Sat

바르셀로나에 대한 영화를 보고 스페인에 가고 싶어졌다. 얼마 전 본 영화에 따르면 너무나 아름다운 작품을 쓰고는, 세상에 복수하기 위해, 아무에게도 알리지 않는다는 나라.

메마른 수영장은 메마른 사막보다 더 메말라 보인다.
메마른 욕조는 메마른 수영장보다 더 메말라 보인다.
메마른 마음은 메마른 욕조보다 더 메말라 보인다.

사람 대부분은 관심을 원하고, 인간의 관심은 한정 자원이다. 그러니 여기에도 수요와 공급이 있고, 권위적 자원 배분이 있다. 경제와 정치가 있다.

12
December

5

토
Sat

무역의 날
자원봉사자의 날

시국선언 같은 거 할 때, 메타적 관점을 가져볼 때도 되지 않았나. 시국선언에 대한 시국선언이 필요하다.

1 January **26** **월** Mon

감식안은 중요하다. 학생들은 노화가 본격적으로 시작되기 전에, 감식안을 익혀줄 선생을 찾아야 한다.

12
December

4

금
Fri

야생동물 보호의 날

입시를 위한 공부, 부과된 공부, 연구비를 위한 연구비에 의한 연구비의 공부, 발주된 프로젝트 따위에는 에로스가 없다. 그런 공부에는 지적 성욕을 느낄 수 없다.

1
January

27

화
Tue

냉장고는 음식이 가장 썩기 좋은 곳이다.
거기에서만큼은 아무것도 썩지 않으리라
생각하기 때문에.

12
December

3

목
Thu

소비자의 날

손톱 깎을 때 질문해본다. 자라난 손톱도 성취일까. 의도하지 않았다는 점에서 그것은 성취가 아니다. 그러나 그동안 스스로 삶을 유지해냈고, 손톱은 그 삶의 부산물이라는 점에서 거대한 성취다. 손톱은 당신이 죽고 나서도 한동안 계속 자란다. 사후에 자란 손톱도 성취인가.

1
January

28

수
Wed

어디 다치고 나면, 사람들이 어쩌다가 다쳤냐고 물어보는데, 다치는 과정은 대개 너무 바보 같아서 진상을 이야기해줄 수 없다.

12
December

2

수
Wed

각자의 성취는 각자밖에 모른다. 내 성취는 아직 살아 있다는 것이다.

1
January

29

목
Thu

나는 12월 1일이 도래하리라고 예측한 바 있다. 모든 일이 예측대로군.

12
December

1

화
Tue

일정한 경지에 오른 운동선수들은 특별한 기대를 품지 않고 매일의 운동 루틴을 따른다. 삶도 그래야 하지 않을까. 노력의 배신을 한탄하기 전에, 어떤 기대도 없이 노력할 수 있는 상태를 지향한다. 인내는 쓰고 그 열매는 달든지 말든지, 인내는 쓰고 그 열매도 쓰든지 말든지, 인내는 달고 그 열매는 쓰든지 말든지, 인내는 달고 그 열매도 달든지 말든지. 오늘도 잠자리에서 일어나 변함없이 달걀을 삶으러 간다.

1
January

30

금
Fri

December

		1	2	3	4	5
6	7	8	9	10	11	12
13	14	15	16	17	18	19
20	21	22	23	24	25	26
27	28	29	30	31		

세상에는 고독한 사람들이 있다. 자신과 싸우며 트랙을 뛰고 있는 사람. 거울을 보며 무거운 것을 들고 있는 보디빌더. 그리고 죽은 사람과의 약속을 홀로 지키고 있는 사람.

1 January

31

토 Sat

인터넷 서점에서 책을 정신없이 주워 담고 있는데, 책이 내게 물었다. "넌 날 왜 사는가."

11
November

30

월
Mon

February

1	2	3	4	5	6	7
8	9	10	11	12	13	14
15	16	17	18	19	20	21
22	23	24	25	26	27	28

탈부착식 양심과 휴대용 광기를 품고 다니는 사람을 주의해야 한다.

11
November

29

일
Sun

남는 건 사진뿐이라고? 그렇다. 당신은 남지 않는다.

2
February

1

일
Sun

자신이 만들고 읽고 보고 들은 것에 대한 나름의 이해가 명징하다고 해서, 그 대상의 의미가 다 포착되는 것은 아니다. 대상의 의미는 늘 창작자와 경험자의 마음을 초과한다. 그래서 평론이 필요하다.

11 November

28

토 Sat

학생 시절에 제대로 배우지 못하면, 나중엔 약도 없다. 배우는 사람은 배우는 사람대로 자신이 지금 제대로 된 교육을 받고 있나 전전긍긍할 필요가 있다. 그리고 가르치는 사람은 제대로 가르치고 있는지 전전긍긍할 필요가 있다.

2
February

2

월
Mon

세계 습지의 날

언제까지나 널 좌시하겠어.
너 = 해야 하는 일들.

11
November

27

금
Fri

〈컨택트〉(2016)에서 에이미 애덤스가 연기한 루이즈 뱅크스는 대단했다.
정말 중요한 순간에 두려움을 떨치고 보호구를 벗어버릴 수 있는 사람.
우린 다 너무 무거운 보호구를 달고 사회로 나아가지 않나….

2
February

3

화
Tue

한국수어의 날

소설 《무지개》에서 데이비드 허버트 로런스는 "밤하늘의 별을 보다가 내 인생의 주인은 내가 아니"라 느낀다고 말했다. 별을 볼 필요도 없다. 출근만으로도 내 인생의 주인은 내가 아니라고 느낀다.

11
November

26

목
Thu

겨울은 봄이 온다는 걸 모른다. 나는 이것이 아름답다고 생각한다.
봄은 비틀거리면서 온다. 나는 이것이 아름답다고 생각한다.

2 February

4

수 Wed

입춘

TV나 유튜브에 나가지 않고, 사진도 잘 찍지 않다 보니, 얼굴을 궁금해하는 사람들이 가끔 있다. 북토크에서도 작은 위기가 있었다. 마스크를 쓰고 강연했더니, 질문 시간에 청중 한 분이 애타게 조르더라. 하관도 보여달라고. 그래서 물 마시는 척하고 벗었다. 조른 사람도 벗은 사람도 중년 남성이었다.

11
November

25

수
Wed

인과因果의 사슬대로 하는 게 행동이 아니라 인과의 사슬을 끊는 것이 행동이다.

2
February

5

목
Thu

떼를 지어 취한 사람 무리 중에는 불결하게 늙어가는 영혼이 하나둘쯤 있기 마련이다.

11
November

24

화
Tue

햄버거에서 패티만큼이나 빵이 중요하듯, 만두에서 만두소만큼이나 만두피가 중요하듯, 붕어빵에서 단팥만큼이나 붕어빵피가 중요하듯, 피자에서 토핑만큼이나 도우가 중요하듯, 논문에서는 본문만큼이나 서론과 결론이 중요하다.

2
February

금
Fri

투쟁은 가진 것을 잃으며 하는 법이다. 대머리나 승려는 삭발 투쟁할 수 없다. 삭발 투쟁하고 싶은 사람은 평소에 두발 관리를 잘해야 한다.

장인은 도구 탓을 해도 도구는 장인 탓을 하지 않는다. 그래서 도구는 장인에게 없는 위엄이 있다.

2
February

7

토
Sat

비판적인 것과 시니컬한 것은 다르다. 얼마든지 삶을 비판적으로 사랑할 수 있다. 노예가 족쇄를 사랑하듯 삶을 사랑할 필요는 없다.

11
November

22

일
Sun

김치의 날
소설

세상에 만연한 이 기이한 희망들. 과도한 희망을 품고 살다가 갑자기 비명을 지르는 것은, 웃통 벗은 근육남이 계란프라이를 부치다가 기름이 튀어 화상을 입는 것과 같다. 앗 뜨거!

2
February

일
Sun

많은 순간이 고통스럽지만, 그간 열심히 고쳐왔다고 생각하던 자기 단점을 다시 발견할 때 특히 그렇다.

11
November

21

토
Sat

Q: 결혼이란 무엇인가.
A: 봉사할 기회를 얻는 것이다.

2
February

9

월
Mon

"감시자를 누가 감시할 건가?"
서평집을 누가 서평할 건가? 케어하는 사람은 누가 케어하는가? 상담사는 누구와 상담하는가? 훈수꾼에게는 누가 훈수하나? 거짓말탐지기의 거짓말은 누가 탐지하는가? 로봇청소기는 어느 로봇이 청소하는가? 가스총은 누가 가스라이팅하는가? 괴롭히는 사람은 누가 괴롭힐 것인가? 개미핥기를 누가 핥을 것인가?

11
November

20

금
Fri

〈카페 뤼미에르〉(2003).
언더스테이트먼트understatement로만
이루어진 세계.

2
February

10

화
Tue

나는 위로에 서투르다. 그저 들어주는 일이 위로가 되길 바랄 뿐.

11
November

19

목
Thu

아동학대 예방의 날

다니구치 지로 선생님이 돌아가시다니…. 그의 작품 중에서 증발에 대한 만화가 가장 인상적이었다. 이 지구의 누군가는 아름다운 어떤 것 그리고 예상치 못한 부음을 남긴다.

2 February

11

수 Wed

학생이 공부를 안 하는 것은 초식동물이 풀을 안 먹는 것과 같다. 육식동물이 고기를 안 먹는 것과 같다.

11 November

18

수 Wed

삶을 오리무중이라고 보면, 가장 적절한 직업은 탐색하는 자, 공부하는 자다.

2
February

12

목
Thu

당신은 당신이 매일 하는 바로 그것이다.
무엇을 매일 할 것인가.

11
November

17

화
Tue

순국선열의 날

내게도 자제력이 있다는 증거로서, 가끔 음식을 남기곤 한다.

2
February

13

금
Fri

《서울리뷰오브북스》별책 부록에 쓴 문장. "대체로 인간은 개보다 유식한 상태로 죽는다."

11
November

16

월
Mon

국제 관용의 날

손깍지 끼는 것, 인간이 할 수 있는 가장 야한 행동 중 하나다.

2
February

14

토
Sat

밸런타인데이

나무늘보가 함께 자자고 청혼하는 꿈에서 깨어났다. 이제 싫어도 출근해야 한다.

11
November

15

일
Sun

큐비즘 아닌 파블로 피카소의 그림, 인물화가 아닌 구스타프 클림트의 풍경화, 근경이 아닌 오스카어 코코슈카의 원경 그림, 발레리나를 그리지 않은 에드가르 드가의 풍속화를 눈여겨볼 필요가 있다. 그 그림들을 봄으로써 피카소의 큐비즘, 클림트의 인물화, 코코슈카의 근경화, 드가의 발레리나가 공들인 선택임을 비로소 알 수 있다.

2
February

15

일
Sun

Y가 술을 마시다가 말했다. 세상은 승냥이 떼와 양 떼로 나눌 수 있다고.
그렇지 않다. 세상은 승냥이, 양 그리고 '빡친' 양으로 나눌 수 있다.
빡친 양들이 세상을 바꾼다.

인터넷에서 이런 문장을 읽었다. "남자를 시험해보고 싶으면 아주아주 잘해주면 됩니다. 그릇이 큰 자는 감사할 줄 알고, 등신 새끼는 가면을 벗기 시작하지요."
'남자'란에 학생, 선생, 친구, 동료 등 다양한 항목을 넣어보자.

〈그래비티〉(2013)에 장관이 있다면, 침착하게 자신의 생명 끈을 놓아버리는 조지 클루니의 선택이다. 매일 아침 마음의 훈련을 위해 죽음을 상상해온 세네카나 사무라이처럼, 그는 '놓는다'. "사실 속으로 날 좋아해오지 않았어?" 장광설과 같은 그의 농담 혹은 진담은 그 놓아버림과 더불어 비로소 합당한 의미를 얻는다.

11 November　　**13**　　**금** Fri

새해 인사를 하러 가서 선생님에게 들은 말들. "공부한다는 것은 일상생활을 하지 않겠다는 말과 통하네. 그런데 사람은 일상생활을 하지 않을 수 없기에 곧 딜레마에 빠지지." "(이런저런 외적 요구와 잡일 때문에 평생) 내 일을 (하나도?) 못 했네. 정말 쓸 책 못 쓰고…."

2
February

17

화
Tue

설날

늙은 어머니가 말씀하시네, 너무 열심히 살지 말라고.

11
November

12

목
Thu

70년 가까이 사신 분이 "인생은 짧고 별것 없다"라고 하시길래, 세 친구에게 문자를 보냈다. "인생은 짧고 별것 없다는데, 정말 그런가?"
다음 세 통의 문자가 차례로 도착했다.
"희로애락의 사슬이 많이 기다리고 있다."
"훌륭한 분이다." "너는 직업병이 지나쳐. 졸리면 자고 배고프면 먹자꾸나."

취약함은 인간을 인간이게끔 하는 인간의 특징이다. 인간성을 발견한다는 것은 곧 인간의 취약함을 발견한다는 것이다. 인간은 취약하므로, 인간에게는 울어도 될 곳이 필요하다. 그곳을 성소聖所라고 부른다.

11
November

11

수
Wed

농업인의 날
유엔참전용사 국제 추모의 날

구름 아래를 날 것이냐, 구름 속을 날 것이냐, 구름 위를 날 것이냐. 구름 아래에서는 비를 맞아야 하고, 구름 속에서는 시계가 흐리지만, 구름 위에서는 날씨에 상관없이 자유롭다.

2 February

19

목 Thu

우수

먼 곳에서 위로를 구하는 말들에서, 나도 위로를 구하네.

11
November

10

화
Tue

학문의 길을 가고 싶으나 그 길이 멀고 위험해 보여, 위험을 분산하기 위해 다른 일에도 동시에 손대는 것은 공부를 시작해 보려는 이들이 흔히 취하는 위험 분산 전략이다. 그러나 많은 경우 학문의 길은 그런 전략상의 여유를 허락하지 않는다는 데 딜레마가 있다. 따라서 이 딜레마를 하찮게 만들 정도의 결기, 훈련, 격려가 필요하다.

2
February

20

금
Fri

세계 사회정의의 날

"아침에 일어났을 때, 감옥이나 병실에 있지 않으면 행복한 것이다"라는 어제 읽은 문장이 생각났다.

11
November

9

월
Mon

소방의 날

까칠하고 예민하고 내성적인 사람들이여, 단결하라.

2
February

21

토
Sat

"에콰도르의 수산시장에는 줄을 서서 생선을 구매하는 바다사자가 있어. 그곳에서는 워낙 자주 있는 일이라 생선 가게 아저씨들 역시 무심하게 바다사자 차례가 되면 생선을 잘라준대"라고 옛 친구가 그랬지. "이곳에서는 최대한 '살고 있는 척하다가' 나중에 중남미의 해변에서 '살자'"라며.

책을 읽고 영화를 보는 건 삶을 더 잘 누리기 위해서다. 허겁지겁 살 때 채 누리지 못한 삶의 질감을 느끼기 위해서다. 삶의 깊은 쾌락은 삶의 질감을 음미하는 데서 온다. 그러니 공부가 어찌 쾌락이 아닐 수 있겠는가.

2
February

22

일
Sun

애인에게 다이어트를 요구하는 심리를 이해할 수 없다. 살찔수록, 사랑하는 존재가 물리적으로 늘어나는 게 아닌가.

11
November

7

토
Sat

입동

점심시간에 Y 선생과 이야기를 하던 중, 개강이 기다려진다고 했다가 아주 미친 놈 취급을 받았다.

2
February

23

월
Mon

도쿄의 거대한 메이지 신궁을 보고 중얼거렸다. "인간은 얼마나 큰 위로가 필요한 존재인가."

11
November

6

금
Fri

인생은 뜬금없고 예측 불허다.
마치 백허그처럼.

2
February

24

화
Tue

부분이 자발적으로 만나, 보다 큰 전체를 이루는 체험이 중요하다.

11
November

5

목
Thu

소상공인의 날

미얀마에 다녀왔다. 그곳 사람들(중 일부)은 이번 생이 망했으면 다음 생을 기다려보고, 이번 생의 문제는 지난 생의 업보라고 생각하는 듯했다. 그리고 거기에서 어떤 품위가 발생하는 것 같았다.

2
February

25

수
Wed

아침에 변기에 앉아 생각한다. 역시 인생은 허송하는 맛이야.

11 **4** **수**
November Wed

점자의 날

육체적 직립보행이 그러한 것처럼, 정신적 직립보행을 위해서는 정말 많은 것이 필요하다.

2
February

26

목
Thu

겨울이 다가올수록, 세상이 날뛸수록, 요한 제바스티안 바흐 음악이 가진 완결성은 빛나며, 냇 킹 콜의 목소리는 감미롭다. 피에르 앙타이의 연주가 진행되는 동안 밖에서는 적군의 포격이 몰아치고, 예술의전당 챔버홀의 복도에서는 낯선 이들의 정사情事가 벌어지는 중이라고 상상했다.

11
November

3

화
Tue

학생독립운동 기념일

가끔 멈추어 서서 자문할 필요가 있다.
'나는 무엇을 감내하고 있나, 그리고 왜?'

2
February

27

금
Fri

세계 북극곰의 날

사람들이 치성드리러 온다는 제주도의
거대한 팽나무 앞에서 벌어진 상황.
팽나무를 그윽하게 바라보며 말했다.
"K 조교가 공부 열심히 하게 해주세요…"
듣고 있던 K 조교의 반응.
"무서워…."

그는 10년 동안 뒷걸음질을 통해 앞으로 나아가려 했지만 결국 실패했다. 반면교사로 삼아야 한다.

2
February

28

토
Sat

2·28민주운동 기념일
희귀질환 극복의 날

문학작품은 홀로 난독해도 그 나름 도움이 될지 모르지만, 다른 분야 책들은 다르다. 적절한 가이드 없이는 시간과 정력을 무의미하게 낭비하기 십상이다. 가능하면 이른 나이에 그와 같은 가이드가 존재하는 장에서 책을 많이 읽을 행운이 필요하다. 훈련을 요구하지 않는 가이드는 대개 사기꾼이다.

11
November

1

일
Sun

세계 비건의 날

3

March

1	2	3	4	5	6	7
8	9	10	11	12	13	14
15	16	17	18	19	20	21
22	23	24	25	26	27	28
29	30	31				

인간은 선을 행할 정도로 혹은 악을 행할 정도로 대단하지 않다.

3
March

1

일
Sun

3·1절

여성과 불교를 소재로 한 전시 포스터를 보았다. 전시 제목은 "진흙에 물들지 않는 연꽃처럼". 그 제목을 다른 각도에서 바라보는 것은 어떤가. '진흙에 물들지 않는 연꽃처럼'이 아니라 '연꽃에 물들지 않는 진흙처럼'. '진흙 속의 연꽃'에서 '진흙'을 맡은 이들을 생각한다.

10
October

31

토
Sat

회계의 날

'지금 무엇이 존재한다고 해도, 그것이 언젠가는 사라지고 만다면, 그것이 존재한다고 말할 수 있을까?' 하는 생각이 들 수 있는 계절, 봄이 오고 있다.

3
March

2

월
Mon

겨울이 오는 것은 겨울의 일,
겨울을 나는 것은 나의 일.

10
October

30

금
Fri

신념이 가득한 바보들이 모여 조기 축구회를 결성한다고 해서 공동체가 생기는 것은 아니다. 어쩌면 현대에 공동체를 바라는 것은 과욕인지 모른다. '공동체'보다는 '공존체' 정도가 어떤가?

3
March

3

화
Tue

정월대보름
납세자의 날

조선 시대 사상계를 풍미한 성리학의 놀라운 점은, 인간이 감정을 선택하는 존재가 될 수 있다고 약속한다는 사실이다. 감정에 휘둘리는 존재가 아니라 감정을 선택하는 존재. 보다 정확히 말하면, 그냥 감정을 취사 선택하는 것이 아니라 제대로 된 감정을 느끼는 존재가 될 수 있다고 약속한다. 실로 계몽의 끝판왕이다.

10
October

29

목
Thu

지방자치의 날

당신의 갑옷은 스펙이 아니라 실력이다. 수익을 당연하게 여기는 태도는 주가가 큰 폭으로 하락하면 확실히 치유된다고 피터 린치는 말했다. 학벌이 좋다는 이유로 대접받겠다는 태도는 학벌의 가치가 큰 폭으로 하락하면 확실히 치유된다.

3
March

4

수
Wed

사회생활을 하려면 말을 곱게 해야 한다. "못생겼다"라고 하는 대신 "웃기게 생겼다"라고 하는 게 낫고, "웃기게 생겼다"라고 하기보다 "얼굴에 유머가 있다"라고 하는 게 낫고, "얼굴에 유머가 있다"라고 하기보다 조용히 걱정스러운 표정을 짓는 게 낫다.

10
October

28

수
Wed

교정의 날

마음의 외부에(만) 봄이 온 것 같다.

3
March

5

목
Thu

경칩

코 고는 소리를 들으면 처절하다는 생각이 든다. 그것은 인생의 소리다.

10 October

27

화 Tue

금융의 날

청소할 때 천지창조를 생각한다. 먼지의 근원은 어디일까. 그것은 그냥 생긴다. 먼지야말로 무에서 유를 창조한다.

3 March

6

금 Fri

인생이란 무엇인가?
먹고 자는 사이에 짬을 내 뭔가를 하는 것이다.
혹은 뭔가를 하는 척하면서, 하기 전후에 먹고 자는 것이다.
따라서 잘 먹고 잘 자는 게 중요하다.

10
October

26

월
Mon

너희가 고통을 사랑하느냐. 적성을 찾는다는 것은 자기가 좋아하는 괴로움의 종류를 찾는다는 것이다.

3
March

7

토
Sat

예전에 한국에 온 외국인들이 남긴 기록을 살펴보면, 한국은 샤머니즘이 강한 나라로 묘사되어 있다. 그리고 지난 100년간 산업화와 민주화를 이루었으며, 그 결과 자본주의 사회에 살면서 직선제를 시행한다. 이 모든 것은 샤머니즘과 공존 가능하다.

10 October

25

일 Sun

독도의 날

과거를 추억하는 스가 아쓰코의 말년 에세이에는 파리에서 유학하다가 "서울대로 돌아간 김마리"에 대한 언급이 나온다. 누굴까. 아직 살아계신다면, 찾아가 스가 아쓰코와 함께한 추억을 듣고 싶다.

3
March

8

일
Sun

3·8민주의거 기념일
여성의 날

한국에서 직장 생활을 한 지도 오래되었는데, 술 문화와 골프 문화는 결국 적응이 안 된다. 그들이 보기엔, 내 삶은 승려와 같은 삶.

10 October   **24**   **토** Sat

국제연합일

남의 글을 비판할 때 자신의 편견과 무식을 광고하지 않도록 유의해야 한다. 남들을 근거 없이 욕하는 경우를 보면 대개 근거 없는 자기 자랑인 경우가 많다. 합창하듯 자신의 무식을 뽐낸다. 내가 이래 봬도 얼마나 무식한데!

3
March

9

월
Mon

큰 전시가 아닌, 오직 작은 전시만이 주는
평화가 있다.

10
October

23

금
Fri

상강

언제 로봇은 인간처럼 되는가. 사리가 생길 때 된다. 언젠가 로봇에게도 스트레스로 사리가 생기면 드디어 특이점이 온 것이다.

3
March

10

화
Tue

학자는 두 유형으로 나눌 수 있다. 진리의 장엄함에 대한 경의를 가진 학자와 그렇지 않은 학자.

10
October

22

목
Thu

자멸하려고 최선을 다하는 존재를 돕기는 어렵다.

3 March

11

수 Wed

결혼식 주례를 서고 왔다. 결혼 생활에 외모가 얼마나 무시할 수 없는 요소인지 재차 강조하고 왔다. 마음씨만 강조하는 주례사의 위험을 지적하고 왔다.

10
October

21

수
Wed

경찰의 날

경청은 중요하다. 이 경청에는 자신에 대한 경청도 포함된다.

3
March

12

목
Thu

당근과 채찍. 당근을 먹이고 채찍을 휘둘러야지, 당근을 휘두르고 채찍을 먹여서는 안 된다. 휘두르는 당근에 맞아 생긴 멍은 쉽게 가시지 않는다.

10
October

20

화
Tue

늘 메모할 준비를 해야 한다. 상념은 고라니처럼 튀어나온다.

3
March

13

금
Fri

티모시 샬라메에게 모성애를 느끼는데 동갑이어서 어쩌면 좋냐고 한탄하는 A. 어쩌면 좋긴 뭐가 어쩌면 좋냐고 되묻는 B. 티모시가 집안일에는 서툴 거라고 흠잡는 C. 그걸 보고 웃기만 하는 D. 그리고 무심한 가을 하늘.

나쓰메 소세키가 영어 'I love you'의 번역으로 '나는 너를 사랑한다'보다 '달이 아름답네요'를 추천했다는 도시 전설이 있다. 어쨌거나, 서양어를 처음 번역해야 했을 동아시아 지식인들의 고투에는 낭만적 요소가 있다. 내가 그 시절에 살았다면, 더치페이를 각자도생이라고 번역했을 것 같다.

3
March

14

토
Sat

화이트데이

인간이 지옥의 피조물인 줄도 모르고. 바보 같은 조물주.

10
October

18

일
Sun

세상에는 엉터리가 많고, 생은 유한하며, 마음은 가난하다. 그래도 가야 할 길을 가는 것이다.

3 March

15

일 Sun

3·15의거 기념일

바빠지니 멀미만 나고 만화책 읽을 시간이 없다. 삶의 목적과 수단이 전도된 것 같다.

10 October

17

토 Sat

문화의 날

사람들이 꼰대를 미워하지만, 진정한 꼰대는 이미 멸종하고 없다. 그 누구도 우렁차게 "원인 미상의 멍청함에 시달리는 제군들!"이라고 연설을 시작하지 않는다.

3
March

16

월
Mon

누군가 바위 위에 혼자 서 있을 때, 그를 어떻게 위로할 수 있을까.

10
October

16

금
Fri

부마민주항쟁 기념일
세계 식량의 날

안노 히데아키의 핵심은 '진화', 고질라의 핵심은 거대한 것이 불을 뿜는다는 점. 시장에서 우럭을 사 와 까맣게 태우면 고질라로 진화한다.

3
March

17

화
Tue

10월 중순. 사나워 보이지만 사실은 외롭고 소심한 짐승을 안고 싶어지는 때.

10
October

15

목
Thu

세계 손 씻기의 날
체육의 날

새 자료가 출간됐다길래 책방에 들렀다 가산 탕진하고 돌아오는 길이다. 정신없이 이것저것 자료를 주워 담고 있는데, 직원이 웃길래 정신이 돌아와서 그만두었다. 무서운 곳이다….

3
March

18

수
Wed

상공의 날

(예전에도 그러했겠지만) 오늘날 뛰어난 예술은 술 퍼마시고 기행을 일삼는 이들에게서 나오기보다는, 명징한 정신을 유지하고 지적 정확함을 추구하는 자기 단련의 족속들에게서 나온다. 예술도 그러할진대, 학문은 더 말할 것도 없다.

〈문라이트〉(2016). 결국 위엄의 한 자락을 놓지 않는 이들의 연대기라고나 할까. 세상의 아주 소수만이 끝내 자신만의 작은 위엄을 지킨다.

3
March

19

목
Thu

의용소방대의 날

대답하기만큼 어려운 것이 질문하기다. 질문을 잘하기 위해서는, 자신이 어떤 질문을 하고 있는지 명료히 알아야 한다. 구체적 대답이 가능한 질문을 하고 있는지, 아니면 대답이 불가능한 수사적 질문을 하고 있는지, 그것도 아니면 질문 자체가 곧 대답이 되는 질문을 하고 있는지. 첫째는 연구자들이 하고, 둘째는 정치인들이 하고, 셋째는 선사禪師들이 한다.

봄이 왔다. 다들 술에 취해 비틀거리며 "내가 왜 좋아요?"라고 되물어야 할 때가 아닌가.

3
March

20

금
Fri

세계 참새의 날
춘분

가을인가. 영혼이 맑은 사이보그와 산책하고 싶구나.

10 October

12

월 Mon

부고든 퇴임식이든, 그 사람이 맡아온 직책을 단순히 열거하는 것이 그 인생의 요약이 되어서는 안 된다. 그는 이번 생에서 무슨 꿈을 꾸었는지, 어떻게 좌절했는지, 그럼에도 불구하고 어떻게 다시 일어섰는지를 말해주어야 한다.

3
March

21

토
Sat

국제 인종차별 철폐의 날
암예방의 날

길을 가다가, 발레리나 옷을 입은 개를 끌고 산책하는 잠옷 입은 사람을 보았다. 그럼에도 불구하고 나는 흔들리지 않고 한 그루 사과나무를 심을 것이다.

이제 주례는 되도록 맡지 않으려고 한다. 첫째, 주제넘은 일이라는 생각이 종종 들고. 둘째, 일찍 일어나기 싫고. 셋째, 매번 새로운 주례사 쓰기 힘들고. 넷째, 예식이 끝나고 애매하게 팽개쳐져 있기 어색하고. 다섯째, 매번 하객들이 나를 신랑으로 혼동하는 거 피곤하다…. 한두 번도 아니고. (다행히 신부로 혼동하지는 않음)

3 March

22

일 Sun

세계 물의 날

모던이라니. 포스트모던이라니. 아직 중세다. 은총이 필요하다.

10
October

10

토
Sat

임산부의 날
정신건강의 날

아이들은 뛰어나다. 다만 방치될 뿐이다.

3
March

23

월
Mon

국제 강아지의 날

청중이 줄면 강연자는 상처받는다. 청중의 상상보다 더 상처받는다. 그러나 강연 시작하기 전부터 졸고 있으면 상처받지 않는다(그것은 강연자의 책임이 아니니까!). 가능하면 강연 시작하기 전부터 졸기 바란다.

다들 이번 봄에는 연인과 함께 꽃나무 그늘 아래 앉아 "목련은 너무 빨리 지죠"라는 드립을 날리는 정신적 사치를 누리기 바란다.

3 March   **24**   **화** Tue

세상의 많은 아우성 속에서도 하루는 덧없이 빠르게 흘러간다. 이런 하루가 쌓여 인생을 이루는가. 얇고 가볍게 썬 삼겹살이 소리 없이 쌓여 한 마리 돼지가 되듯. 그 돼지는 누가 먹는가.

10
October

8

목
Thu

재향군인의 날
한로

고대 문명지 여행을 하러 간다는 것은 대개, 막대한 물리적 자원을 들여서 만든, 그러나 일상에서는 거의 쓸모없는, 거대한 장관을 보러 간다는 것이다.

3
March

25

수
Wed

인터뷰에서 듣기 좋았던 말.
"글에 비문이 없어요. 어디서 훈련받으셨어요? 학생들에게도 이렇게 시키나요?"

10
October

7

수
Wed

연구도 하고 연구 안 하기도 할 거야. 둘 다 할 거야. 뭘 할지 고민하지 않아.

3
March

26

목
Thu

개미지옥에서는 가만히 있는 것이 최선이다.

10 October

6

화 Tue

정말로 두려운 사람은, 너무 두려운 나머지 자신의 두려움을 밖으로 감히 드러내지 못한다. 그래서 두려움은 종종 허장성세로 이어지곤 한다. 지나치게 큰소리치는 사람에게는 공포를 느끼기보다는 측은지심을 품을 필요가 있다.

3
March

27

금
Fri

서해수호의 날

제 누추한 이야기를
완성할 시간을
신께서 허여하기를
간구하노니.

10
October

5

월
Mon

세계 교사의 날
세계 한인의 날

인문학 지원 요청 성명을 보며 생각했다. 수사학은 인문학의 핵심이며, 예나 지금이나 수사학의 용도 중 하나는 돈을 타내는 것이라고. 그러니 성명서에는 주장만큼이나 수사학이 중요하다고.

동물 다큐멘터리에서, 혹자는 도덕의 무가치함을 보고, 혹자는 생명의 무가치함을 본다.

10
October

4

일
Sun

세계 동물의 날

나무를 보지 말고 숲을 보라느니 하는데,
이 시절에는 꽃을 보아야 한다.

3
March

29

일
Sun

설거지를 끝냈고, 빨래를 꺼내 널었으며, 커피를 내렸고, 만화를 보기 시작했다. 불행하지 않은 가을날이다.

10
October

3

토
Sat

개천절

예속 상태에서 벗어나는 것이 곧 생계 수단을 잃는 것을 뜻한다면, 그에게 자유란 무엇인가.

3
March

30

월
Mon

비밀을 알려주듯 노인들은 말하지, 무조건 즐겁게 살아야 한다고. 오늘 꿀은 오늘 빨겠다는 마음가짐으로 집을 나서는 것이다.

10
October

2

금
Fri

노인의 날

식인종의 세계에도 작가가 있을 것이다.
그는 당신의 쇄골을 문진으로 쓸 것이다.

3
March

31

화
Tue

글을 읽다 보면 마음을 가리키는 다양한 비유를 만난다. 마음은 때로 무엇을 비추는 거울이며, 갈아야 할 밭이기도 하고, 흐르는 물이기도 하다.

오늘, 마음의 비유를 묻는다면, "매립지"라고 답하겠다. 시간이 지나면, 묻은 것이 썩으리라. 형체도 없으리라. 그래도 빛을 발하고 있다면, 당신에게 돌려주겠다.

10
October

1

목
Thu

국군의 날

April

			1	2	3	4
5	6	7	8	9	10	11
12	13	14	15	16	17	18
19	20	21	22	23	24	25
26	27	28	29	30		

10

October

					1	2	3
4	5	6	7	8	9	10
11	12	13	14	15	16	17
18	19	20	21	22	23	24
25	26	27	28	29	30	31

화창한 만우절이다. 삶의 진실을 이야기하기 좋은 날이다.

4
April

1

수
Wed

만우절
수산인의 날

자의적 판단을 보완하기 위해서는 관료제가 필요하다. 관료제를 보완하기 위해서는 규정에 얽매이지 않는 사려 깊은 판단이 필요하다. 그런데 많은 이가 자의적 판단을 사려 깊은 판단이라고 착각한다.

9
September

30

수
Wed

개인정보 보호의 날

요즘 너무 쉬는 일에 소홀한 것 같다. 날씨도 좋고 하니, 다른 데 한눈팔지 않고 좀 더 성심성의껏 쉬도록 하겠다.

4
April

2

목
Thu

난 (어떤) 현대미술처럼 뻔뻔해지고 싶진 않아. 그래서 오늘도 책을 좀 읽어야겠어.

9
September

29

화
Tue

세계 심장의 날

기성세대는 사회의 혈전이 되면 안 된다. 그러나 앞에 앉은 사내가 술을 따르며 말했다. "이게 내가 원한 50대는 아니었지."

4
April

3

금
Fri

4·3희생자 추념일
예비군의 날

입시나 고시 공부에 인생의 전부를 바치는 사람은 불행해지기 쉽다. 합격을 못 하면 자존감을 유지하기 어려워서 불행해진다. 합격을 했다고 행복해질까? 어떤 좋은 결과도 오랫동안 만족감을 주지 않는다. 자신이 고생한 시간에 비해 보상이 부족하다고 느끼면, 엉뚱한 데서 보상을 찾기 시작한다. 이제 그의 개인적 불행은 사회적 불행이 되기 시작한다.

9
September

28

월
Mon

진정한 여행은 여행 전의 기대와 여행 후의 기억에 있듯 진정한 삶은 살기 전의 꿈과 살고 난 후의 기억에 있다. 그래서 마르셀 프루스트는 쓴 것이다,《잃어버린 시간을 찾아서》라는 걸작을.

4
April

4

토
Sat

약사여래藥師如來*에게 묻기를,
병이 낫는 쾌감을 느끼기 위해 병에 걸려도 되나요.

* 약사여래: 열두 가지 서원誓願을 세워 중생의 질병 구제, 수명 연장, 재화 소멸, 의식 만족을 이루어주고, 중생을 바른길로 이끌어 깨달음을 얻게 하는 부처.

9
September

27

일
Sun

교토대학의 F 선생님 서재에 다녀온 적이 있다. 은퇴에 즈음해 시라는 걸 평생 처음 지으셨다는데, 기억나는 대로 번역해본 전문은 다음과 같다.

"편의점에서 도시락을 사 와서 먹었네, 등나무 아래서."

21세기에도 여전히 송편 속에 콩을 넣는 만행이 계속되고 있다.

9
September

26

토
Sat

식욕부진에 시달리는 사람이 맛없는 음식 먹는 방법이 있다. 먹기 전에, "악법도 법이다!"라고 외치면 어지간한 음식은 다 먹을 만하다고 느껴진다. 법조인과 식사할 때 시험해보기 바란다.

4 April

6

월 Mon

한식

홍시와 곶감의 관계는, 꽃등심과 육포의 관계와 같다.

9
September

25

금
Fri

추석

삶의 질을 측정하고 싶다면, 행복의 정도를 알고 싶다면, 근심 없이 아침 산책을 할 수 있느냐고 물어보라.

4
April

7

화
Tue

보건의 날

패티김은 나이가 들어도 멋있구나.

9
September

24

목
Thu

벚꽃 아래서 야구하는 아이들을 한참 바라보았다. 상대의 적시타로 패배한 아이들은 글러브를 땅에 팽개치느라 자신들이 행복 가까이에 있었다는 것을 모르겠지. 물론 나도 모른다.

4
April

수
Wed

가을이라는 이름의 덤벨 앞에 앉다.

9
September

23

수
Wed

이산가족의 날
추분

사람은 인정 욕구 때문에 돌아버릴 수 있다. 누군가 갑자기 지나치게 '지랄'을 한다면, 인정 욕구 버튼이 눌렸을 가능성이 높다.

4
April

9

목
Thu

야구연맹 총재가 되기 위해 타석에 들어서는 타자는 없다. 타자의 꿈은 두 가지다. 장외 홈런을 쳐서 구장을 보다 크게 새로 짓게 만드는 것, 혹은 유니폼을 벗고 자기 스스로 날아가는 공이 되는 것.

9
September

22

화
Tue

진통제의 발명에 대해 생각한다.
고통의 뿌리를 없앨 것인가. 진통제를 구할 것인가.

4
April

10

금
Fri

꽃이 그려진 그릇을 선물로 주셨는데, 거기에 무엇을 담아야 할는지.

9
September

21

월
Mon

세계 평화의 날
치매극복의 날

육체적 폐활량만 중요한 것이 아니다. 정신적 폐활량도 그만큼 중요하다.

4
April

11

토
Sat

대한민국 임시정부
수립 기념일

(종교적 헌신이 없는 사람의 경우) 죽음을 마주한 상황에서는 아무것도 의미가 없을 것이다. 거대한 부의 축적도, 어떤 사회적 영예도. 그래도 남는 희미한 의미가 있다면, 자신의 삶을 자신이 원하는 대로 연소했느냐 여부가 아닐까.

아이러니는 우리 인지능력에 대한 겸손의 표현이다. 그런 면에서 예술은 겸손의 영역이다.

4
April

12

일
Sun

도서관의 날

내가 사실 젊은 학생들에게 원했던 것은 적당히 절충하는 모습이 아니었다. 갈 만큼 가고, 갈 데까지 가고, 그러고도 더 가 버리는 모습이었다.

9
September

19

토
Sat

청년의 날

옷이 구겨지면 삶이 구겨지는 것 같아.
그러나 잘 구긴 옷은 예술이 된다.

4
April

13

월
Mon

직장은 내 존재의 일부에 불과하고, 또 그래야 한다고 생각해왔다. 가족은 내 존재의 일부에 불과하고, 또 그래야 한다고 생각해왔다. 마음은 내 존재의 일부에 불과하고, 또 그래야 한다고 생각해왔다.

좋은 투수는 스트라이크와 볼의 경계에 투구한다. 좋은 예술가도 마찬가지다.

4 April

14

화 Tue

만다라케(일본의 중고 상점 체인)에 가서, 천문학적 액수를 지불하고 《슬램덩크》 일본어판 전권을 샀다. 다시 읽어보니, 눈에 들어오는 것은 그들이 보낸 그토록 농밀한 시간이었다.

9
September

17

목
Thu

목련과 작약은 모두 큰 꽃잎을 눈물처럼 떨구며 진다. 목련과 달리 작약은 낙하하며 자신을 쉽게 더럽히지 않는다. 필멸자로서 인간은 작약에게 낙법을 배워야 하지 않겠나.

4
April

15

수
Wed

아수라장에서 그나마 아수라가 되다 말 수 있는 길은 학문과 예술인가, 그런가?

9
September

16

수
Wed

멸종 위기에 있다는, 사심 없는 다정함을 추구하도록 하겠다.

4 April

16

목 Thu

국민안전의 날 8

신체의 비유는 힘이 세다.
우동 사리는 우동의 뇌다.
설사는 창자의 오열이다.

9
September

15

화
Tue

전시장에 가서 방명록을 보면 자주 "흑표범"이란 이름이 적혀 있곤 했다. 하도 자주 봐서 기억에 남았다. 성은 '흑' 이름은 '표범'인가. 언젠가부터 그 이름이 적힌 방명록엔 나도 "백표범"이라고 적곤 했다. 성은 '백' 이름은 '표범'.
어제 전시장에도 흑표범이 다녀갔더라.

누가 마음속 말을 다 할 수 있는가. 하지 못한 말들은 내장 속에서 고이 썩다가 마침내 사리舍利가 된다.

9
September

14

월
Mon

자기 확신이 지나친 사람은 약간 다른 사고실험이 필요하다. '내 뇌가 두개골 속 곱창에 불과하다면? 아는 척만 할 뿐, 대가리가 텅 비었다면?'

4
April

18

토
Sat

이 직업을 유지하는 한, 학생들에 대한 최소한의 신뢰를 포기하지 않는 일은 중요하다.
그런데 그것도 노력 없이 되지 않는다.

9
September

13

일
Sun

대한민국 법원의 날

봄은 원래 빨리 지나간다. 계절 중 주말에 해당한다.

4
April

19

일
Sun

4·19혁명 기념일

시사모를 구워 먹었다. 시사모라는 생선은 정말 인상적이다. 몸통에 온통 알만 가득 차 있다. 알뿐이다. 시사모는 자아가 없거나, 모성애가 강하거나, 성욕이 강하다는 것이 내 결론이다.

운신을 편하게 하려고 그간 모은 책들을 버리거나, 주거나, 파일로 엮는 식으로 대거 정리 중. 한때 가졌던 그리고 지금도 있을지 모르는 부질없는 편향, 안목, 야심, 고집, 망각, 상처, 낙서, 메모, 계획, 꿈 등이 보이네. 다 갖다 버려야지.

4
April

20

월
Mon

장애인의 날
곡우

마음과 세계의 날씨와 관계없이, 어디를 여행하고 있든지 관계없이, 읽을 책은 읽고, 할 운동은 하고, 들어올 월급은 들어오게끔 하는 생활 시스템을 구축하는 것이 중요하다. 노화가 본격적으로 시작되기 전에 그러한 라이프스타일을 익히는 것이 중요하다.

과학을 혐오하는 최적의 방법은 과학을 욕하는 것이 아니다. 가장 비과학적인 걸 늘어놓고 그걸 과학이라 하는 것이다. 삶을 혐오하는 최적의 방법은 삶을 욕하는 것이 아니라, 생존을 삶이라고 하는 것이다.

4
April

21

화
Tue

과학의 날

술을 마시면서 생각한다. 살면서 행과 불행이 있었는데, 후생을 가르치는 직업을 갖게 된 것은 행에 속한다고.

9
September

10

목
Thu

세계 자살예방의 날
해양경찰의 날

Q: 왜 이렇게 늘 읽고만 있는 거죠? 왜 정리해서 발표하고, 사회로 나아가지 않는 거죠?
A: 이렇게 해야, 사회와 무관하지만 아주 유식한 상태로 죽을 수 있거든.

4
April

22

수
Wed

정보통신의 날
지구의 날

이마무라 쇼헤이의 〈복수는 나의 것〉 (1979)을 다시 보았다. 전후 일본 영화에 깃든 기괴한 힘을 재차 확인했다. 양어장 호스를 앞에 두고 하는 대사 같은 것을 쓸 수 있는 각본가는 현재 동아시아에 없겠지. 그러니, 복수는 누구의 것인가.

9
September

9

수
Wed

숙련기술인의 날

마침내 평생 읽을 책을 다 산 것 같다. 내일부터는 내세에 읽을 책을 사기 시작해야겠다.

4 April

23

목 Thu

세계 책의 날

어느 해 9월의 대화.

학생: 제2차 남북정상회담 운영 보조 요원에 지원했는데 운 좋게 선발되어 10월 1일부터 4일까지 행사를 보조합니다. 수업에 피치 못할 사정으로 불참하게 되어….

선생: 수업이 중요한가, 정상회담이 중요한가?

9
September

화
Tue

안 좋은 일 때문에 놀랄 때마다, 놀라는 자신을 보고 한 번 더 놀란다. 삶에 이토록 은연중 기대하는 것이 많았다니!

4
April

24

금
Fri

순직의무군경의 날

좋은 가을 하늘이다. 어쩌라는 걸까. 다르게 살아보라는 걸까.

9
September

7

월
Mon

푸른 하늘의 날
백로

장 보드리야르는 말한 바 있다. 디즈니랜드는 '실제의' 나라, '실제의' 미국 전체가 디즈니랜드라는 사실을 감추기 위해 거기 있다고. 나의 뱃살은 나의 몸 전체가….

4
April

25

토
Sat

법의 날
세계 펭귄의 날

왜 과일은 썩기 직전에 가장 달콤한가. 달콤한 것은 왜 다 썩기 직전의 상태인가.

9
September

일
Sun

주말인데도 엉망으로 사는 데 실패해서 우울한 저녁.

4 April
26
일 Sun

좋은 가을날,
혼자 있는 나는 당신을 생각해.

9
September

5

토
Sat

노인이 되면, 전보다 현명해지되 속은 좁아진다고 한다. 위기감 때문이겠지.

4 April

27

월 Mon

영화감독 아녜스 바르다는 "내가 가진 것은 세계다. 커리어가 아니다"라는 취지의 말을 한 적이 있다. 그렇다. 그래서 학문과 예술을 향유하는 것이다. 자신의 삶을 커리어로 환원하지 않기 위해서. 자신이 가꾸어온 세계와 더불어 살고 더불어 죽기 위해서.

9
September

4

금
Fri

지식재산의 날

페이스pace와 페이스face를 잃지 않고 자기 생을 완주하는 게 중요하다. 다들 계속 살아가야 할 이유를 찾고 있으므로, 누구에게나 격려가 필요하다.

4
April

28

화
Tue

충무공 이순신 탄신일

가끔 언론에 등장하는 교수의 학생 착취 기사를 보면, 유럽 출장 중에 받은 이메일이 생각난다. 학술회의 일정을 끝내고 숙소로 돌아와 컴퓨터를 켜니, 서울의 학생이 보낸 이메일이 도착해 있었다. 메시지인즉슨, "선생님 돌아오실 때 선물 사 오세요" 아닌가.

칭얼거리는 것은 토론이 아니다. 토론하거나 논평할 때는 상대방 주장을 정면으로 마주하는 것이야말로 예의 바른 태도다. 그렇다고 공격적인aggressive 것과 예리한sharp 것을 혼동해서도 안 된다. 그 둘은 아주 다르다.

무능과 부도덕은 종종 혼동된다.

9
September

2

수
Wed

어떤 기대도 없이 꽃을 보아야 하는 5월이 오네.

4
April

30

목
Thu

새 학기가 시작되었다. 서양미술사의 지식을 가지고 유럽 여행을 하는 것과 아무런 지식 없이 유럽 여행을 하는 것은 매우 다르다고, 인생이라는 여행을 할 때도 마찬가지라고, 배움을 벗하여 인생을 통과하는 일은 다르다고, 그런데 여행이란 시작이 있었으니 결국 언젠가는 끝나게 된다고, 수업 첫 시간에 말해주고 싶었는데, 말하지 못했다.

9
September

1

화
Tue

여권통문의 날
통계의 날

5

May

					1	2
3	4	5	6	7	8	9
10	11	12	13	14	15	16
17	18	19	20	21	22	23
24	25	26	27	28	29	30
31						

September

		1	2	3	4	5
6	7	8	9	10	11	12
13	14	15	16	17	18	19
20	21	22	23	24	25	26
27	28	29	30			

지금부터 쉬는 법을 공부하기로 하자.

5 May

1

금 Fri

근로자의 날

바람이 심하게 부는 8월의 마지막 날 해질 녘, 인적 없는 서강대교 인도를 걸어 한강을 건넜다. 강 중간을 지났을 때 건너편에서 젊은 여자 한 사람이 홀로 저벅저벅 걸어왔다. 우리는 말없이 지나쳤다. 그는 지금쯤 무얼 하고 있을까.

8 August **31** 월 Mon

충분히 살지 않은 인생도 문제다. 잔을 받았으면 마셔야, 세상에 던져졌으면 양껏 살아야. 삶이여, 부디 날 가져요.

5 May

2

토 Sat

한국에 돌아와 가르치던 커리어 초반기. "개강이 다가오면 기쁘지 않나요? 학생들을 만날 수 있으니"라고 선배 교수에게 청순하게 말하자, 그분이 동공 지진을 일으켰다. (알고 보니, 돌아이를 뽑았구나!) 아직도 기억에 선연하다.

8
August

30

일
Sun

사실, 쉬운 일은 없다.
노고는 흩어지기 쉽고, 일어난 일은 제대로 기억되지 않는다.

5
May

3

일
Sun

세계 언론 자유의 날

최고의 사치는 비싼 밥 먹으며 헛소리하는 거다. 그 사치를 누리려면 평소에 열심히 일하고 조리 있는 말을 많이 해두어야 한다.

8
August

29

토
Sat

부재不在의 형태로만 존재하는 것들이 있다. 그 사실을 인정하느냐에 따라 세상에 대한 독해력이 달라진다. 침묵의 형태로만 존재하는 주장들이 있다. 그 사실을 인정하느냐에 따라 텍스트에 대한 독해력이 달라진다.

5
May

4

월
Mon

Believe it or not.

다들 페이스북에 자기 20대 사진 올리는구나. 대학 시절에 증명사진 박힌 학생증을 잃어버린 적이 있는데, 그것을 주운 여학생이 거기 적힌 전화번호로 내게 전화해서, 학생증 돌려줄 테니 만나자고 한 적이 있다. 물론, 무서워서 만나러 나가지 않았다.

8
August

28

금
Fri

자식에게 공부하라고 다그쳐서는 안 된다. 자기가 공부를 즐기는 모습을 보여주면 된다.

5
May

5

화
Tue

어린이날
입하

표정을 보고 인연이 끝났음을 감지하듯,
아침 볕을 보고 여름이 끝났음을 알겠다.

8
August

27

목
Thu

어떤 참사는 가시적 형태를 띠지 않는다. 세월호를 계기로 지식인들이 쏟아내는 글을 보면, 그들의 세계도 세월호임을 알 수 있다. 다만 내가 직업상 속한 이 업계에선 참사가 쉽게 알아볼 수 있는 가시적 형태를 띠지 않을 뿐.

5
May

수
Wed

Y 선생님은 눈 오는 날이나 비 오는 날을 좋아한다. 주관이 이처럼 날뛰는 세상에, 눈과 비로 여러 사람이 비로소 뭔가 공유할 차원을 갖게 되므로.

8
August

26

수
Wed

세계 개의 날

시시포스는 사실 퇴행을 즐긴 것은 아닐까. 퇴행하고 싶어서 열심히 돌을 굴려 올린 것이 아닐까. 능동적 도태, 자발적 퇴행이야말로 기쁨을 준다. 퇴행하기 위해 오늘도 전진한다. 퇴행만 꿈꿀 뿐 전진하지 않는다? 그때는 늙은 것이다.

5 May

7

목 Thu

영화 〈고지전〉(2011)을 보았다. 영화는 세간의 평가만큼 좋지는 않았지만, 김옥빈이 저격하고 나서 초콜릿을 먹으며 걸어가는 장면은 뇌리에 남았다. 좀 더 길게 천천히 보여주었으면 하는 장면이었다. 노화가 시작된 인생은 저격하는 일도, 초콜릿을 먹는 일도 아니다. 저격하고 초콜릿을 먹으며 걸어가는 일이다.

8
August

25

화
Tue

세상에는 직시하기 어려운 것들이 많다. 내심 알고 있는 진실, 늙어가는 부모의 얼굴, 헐벗은 자기 몸, 헐벗은 자기 마음 그리고 헐벗은 계좌 잔고….

5 May

8

금 Fri

어버이날

과대평가는 결국 상대를 망친다. 누군가를 꼭 협박해야 한다면, 이렇게 말하라. "자꾸 그러면 당신을 과대평가할 거야."

8 August

24

월 Mon

한국의 정체성과 향방에 대한 지적 갈증이 사회에 가득하다. 그런 만큼 예언자인 양 행세하며 한탕을 하려는 '업자'들도 몰려들겠지.

5 May

9

토 Sat

비와 함께 멀어져가는 여름에게 묻노니, 내게는 날들이 얼마나 남았는가. 그날 동안 무엇을 하면 나쁘지 않겠는가. 그리고 누구에게 마무리를 부탁할 것인가.

8
August

23

일
Sun

처서

오랜만에 전시에 다녀왔다. 대가는 발상과 마무리에서 차이가 난다.

5 May

10

일 Sun

바다식목일
유권자의 날

방콕에서 놀란 점은 볼거리가 풍부한 방콕국립박물관에 놀라울 정도로 사람이 없다는 사실이었다. 시민도 관광객도. 평일 오전이어서 그랬을까. 그 덕분에 큰 전시실에서 집중해서 전시물을 보던 한 사람과 찰나의 눈인사를 할 수 있었다. 단정한 시선과 자태를 지닌 사람이었다. 삶의 귀한 사치. 당신은 내 인생에서 소중한 사람이었습니다. 앞으로 영영 다시 눈길이 스칠 일이 없겠지요. 이 지구에서 잘 살다 가기 바랍니다. 안녕히.

8
August

22

토
Sat

절대악絶對惡을 설정하고 정치 담론하는 사람들을 경계할 필요가 있다. 그들은 대개 자신을 절대선絶對善의 위치에 놓고 가짜 약을 판다. 자칫 속아서 가짜 약을 먹고, 몸과 마음을 다치기 쉽다.

5 May

11

월 Mon

동학농민혁명 기념일
입양의 날

발등에 불이 떨어지면 불을 꺼야 하는데, 떨어진 불로 추위를 피하려다가 화상을 입는 이들이 있다.

8 August

21

금 Fri

교수라는 이름의 질병에 걸린 사람이 참 많다.

5
May

12

화
Tue

국제 간호사의 날

평소 호감 가던 이에게 이 가을을 선물한다고 했더니, 봉이 김선달이라고 하는군.

8
August

20

목
Thu

어려운 말을 하면 사람들은 화를 내지.

5
May

13

수
Wed

이른바 내로남불. 내가 하면 로맨스요, 남이 하면 불륜.

객관화가 지나치면, 내가 하면 불륜이요, 남이 하면 로맨스라고 보는 이른바 내불남로 상태에 도달한다.

정치 지도자들은 내불남로를 지향할 일이다.

8
August

19

수
Wed

칠석

내일이 스승의 날…. 그럼 다른 날들은 스승의 날이 아니라는 말이잖아?

5
May

14

목
Thu

식품안전의 날

어떤 인간은 개를 먹어도, 어떤 개는 인간보다 행복하다.

8
August

18

화
Tue

5월 15일이 그래도 좋은 점이 있다면, 생존이 불확실했던 옛 학생이 느닷없이 연락하는 경우가 생긴다는 것이다.

5
May

15

금
Fri

세종대왕 나신 날
스승의 날

자유자재로 몸을 뒤틀며 흘러가는 구름 보면서 스탠드업 코미디 대본 쓰기 좋은 날들이다.

8
August

17

월
Mon

꽃밭을 바라보는 것보다 사막을 바라보는 것이 더 로맨틱하다. 그것을 감각적으로 납득할 때 현대 예술 감상이 시작된다.

5
May

16

토
Sat

여행이란 세상 끝까지 가보고 싶다는 마음과, 어디에도 가고 싶지 않은 마음이 낳은 자식이다.

8 August

16

일 Sun

자기 한계를 응시하며 산다는 것은 좋은 일이다. 한계를 느끼기에 미쳐 날뛰지 않을 수 있고, 응시하기에 한계에 잡아먹히지 않을 수 있다. 물론 인간의 대표적 한계는 죽음이다.

5
May

17

일
Sun

사상을 이데올로기로 환원하지 않을 때, 사상을 실천을 위한 지침으로 환원하지 않을 때, 사상을 교육으로 환원하지 않을 때, 사상을 이념으로 환원하지 않을 때, 사상을 사상으로 보게 된다. 사상을 사상으로 본다고 해서, 사상이 이데올로기나 실천 지침이나 교육이나 이념 등과 무관해지는 것은 아니다.

8
August

15

토
Sat

광복절

성장이란 허장성세와 근거 없는 희망과 비문으로 점철된 자신을 첨삭해가는 과정이다.

5 May

18

월 Mon

5·18민주화운동 기념일
성년의 날

책의 두께는 부차적이다. 과연 그 연구가 질문을 가지고 있기나 한지, 혹은 제대로 된 질문을 던지고 있는지를 살펴야 한다. 자신이 속한 분야에서 던져야 할 중요한 질문이 있는데, 연구자들은 현재 어떤 질문을 던지고 있는지. 혹은 질문을 만들기나 하는지.

8
August

14

금
Fri

일본군 '위안부' 피해자 기림의 날
말복

인정 투쟁을 남하고만 하나. 자기 안에서 자기끼리도 한다. 나는 나의 반면교사요, 타산지석이다.

5
May

19

화
Tue

발명의 날

좋은 일이 있을 때마다 훗날 이때를 그리워할 때가 있으리라고 생각하는 버릇이 있다.

8 August

13

목 Thu

여름이 되면 난 출국할 것이고, 어느 낯선 도시에서 빨래가 끝나기를 조용히 기다리겠지.
그 시간은 컵라면에 물 부어놓고 얌전히 기다리는 시간만큼이나 평화롭다. 낯선 곳에서 빨래를 기다리는 시간이 주는 평화를 사랑한다.

5 May

20

수 Wed

세계인의 날

덥다. 그러나 계절의 선택을 존중한다. 덥다고 흐느껴 울어서는 안 된다.

8
August

12

수
Wed

사람에 따라 다르기는 하지만, 적지 않은 사람들이 결혼으로 한꺼번에 번식공동체, 대화공동체, 육아공동체, 일상공동체, 농담공동체, 생존공동체 그리고 스파링 파트너를 만들고자 한다. 그 많은 것이 한 방에 다 성공할 리 있겠는가.

5
May

21

목
Thu

부부의날
소만

인생의 절반은 행복한 사람과 불행한 사람 사이에 아무런 차이가 없다고, 아리스토텔레스는 말한 바 있다. 왜냐? 인생의 절반, 우리는 수면을 취하니까. 그렇다면 수면제는 불행한 이들에게나 필요하다. 행복한 이들은 불면이 두렵지 않을 것이<u>므로</u>.

8
August

11

화
Tue

미국의 작가 매릴린 로빈슨은 고교 시절 선생이 해준 이야기를 아직도 기억하고 있다. "마음은 평생 함께 살아야 할 대상이니 아름다워야 한다."

5 May

22

금 Fri

국제 생물다양성의 날

〈원더풀 라이프〉(1999)를 보았다. 천국으로 가기 전 잠시 거주하는 림보limbo에서 사람들은 자신들이 가장 행복했던 때의 기억을 떠올려야만 한다. 행복감은 무엇보다 '순간'에 깃드는 것이었다. 영화에 따르면, 그 사소한 순간에 맞닿는 찰나에야 비로소 영원으로 떠날 수 있다.

8
August

10

월
Mon

좋은 것은 짧다. 봄도.

5
May

23

토
Sat

"그렇다. 삶이란 지리멸렬한 전쟁인 것이다"라고 감기 환자가 중얼거렸다.

8
August

9

일
Sun

부처님 오신 날 공휴일 저녁. 부처님은 이미 태어났고, 연휴는 가버렸다. 부처님의 가르침대로 집착을 버릴 때다.

5
May

24

일
Sun

부처님 오신 날

따뜻한 장화 속에 들어간 고양이처럼, 이불 속에서 탐사선이 보내온 무심한 우주를 생각해본다.

8
August

토
Sat

섬의 날
세계 고양이의 날

늘 불화佛畵는 불상佛像보다 임팩트가 깊다. 불상들은 불화의 세계에서 쫓겨나 세속에 내던져진 것처럼 보인다. 응시를 통해 마음은 불화 안으로 걸어 들어간다.

5
May

25

월
Mon

나무늘보는 학술 연구 따위는 안중에도 없고 심지어 먹는 것조차도 매우 귀찮아하는데, 똥을 눌 때는 눈을 지그시 감고 웃으며 행복해한다고 한다. 잠시 책에서 눈을 떼고, 나무늘보의 덕에 대해서 생각해본다.

8
August

7

금
Fri

입추

하중은 있되 통증은 없는 삶을 원한다.

5
May

26

화
Tue

모 정치인이 내게 물었다. "우리나라 정치를 바꾸려면 어떻게 해야 할까요?" 이렇게 대답했다. "정치 언어를 바꾸시지요." 말은 그렇게 했지만, 이 세상의 언어를 바꾸는 일은 쉽지 않다. 대충 한다는 뜻을 가진 "수박 겉 핥기"라는 표현을 바꾸고 싶다? 수박 겉을 오랫동안 핥아서 속까지 이르러야 한다. 혀가 닳도록 핥아야 한다. 그제야 사람들은 대충 한다는 뜻으로 "수박 겉 핥기"라는 말을 쓰지 않을 것이다.

8
August

6

목
Thu

중세철학의 특징은 신의 존재를 '증명'하려 들었다는 데 있다. 신을 느끼거나 숭배하는 일에 그치지 않고 그 존재를 증명하려 들다니. 21세기식 신의 존재 증명은 다음과 같다. 인간이 이렇게 한심한데, 인간 이상의 존재가 없을 리 만무하다.

5
May

27

수
Wed

우주항공의 날

다이어트에 실패한 사람이 식인종을 찾아다니며 자기 뱃살을 가지고 행상하는 상상을 하며, 여름밤을 보낸다.

8
August

5

수
Wed

영화에 파괴적 카 체이스car chase 장면이 등장하는 것은, 평소에 교통질서를 지키느라 고생했기 때문이다.

5
May

28

목
Thu

학문하는 이들은 모름지기 동시대 최고의 것 그리고 고전을 찾아 읽겠다는 마음을 지녀야 한다. 그렇지 않은 것들은 읽는 이의 지성을 쇠퇴시킬지 모른다. 특히 읽으면 읽을수록, 뭔가 알았다는 착각을 주는 동시에 사람의 머리를 나쁘게 만드는 부류의 것들이 있다. 그런 문건에서는 자료만 취하면 된다.

8
August

4

화
Tue

거품은 걷히려나. 걷히고 나면 무엇이 남으려나. 거품 없이도 살 수 있으려나. 아니면, 거품이 곧 생인가.

5
May

29

금
Fri

해외 파병용사의 날

공동체의 궁극적이며 벌거벗은 토대에까지 사유를 진행하는 것은 과도한 신체 body politic 훼손과 다를 바 없다.

8
August

3

월
Mon

어디 혁명뿐이겠는가. 잔소리도 세상을 바꾼다.

5 May

30

토 Sat

더위를 식히며 가을 학기 수업 계획서를 만들면서 중얼거린다.
"'선생님은 왜 이렇게 읽을거리를 많이 내주시는 거야'라고 항의할 수 있겠지요, 속으로. 거기에 선생님의 뜻이 있는 거야. '너희는 개들이 더위로 허덕일 때 팥빙수를 먹으며 방학을 즐긴 포유류들이다. 너희는 시련이 필요하다.'"

인간들이 건강을 위해 금연하는 줄도 모르고 담뱃불을 훔친 프로메테우스.

5 May

31

일 Sun

바다의 날
세계 금연의 날

인생은 여행이고, 여행자에게는 체력이 필요하다.
화장실 다녀오고 여독을 풀어야 할 체력이면 인생 살기 곤란하다.
청년이 유치원 운동회에서 꼴찌를 할 체력이면 남은 여행을 어찌할 것인가.
중년이 양로원 운동회에서 예선 탈락할 체력이면 남은 삶을 어찌 살 것인가.

8
August

1

토
Sat

6

June

	1	2	3	4	5	6
7	8	9	10	11	12	13
14	15	16	17	18	19	20
21	22	23	24	25	26	27
28	29	30				

August

						1
2	3	4	5	6	7	8
9	10	11	12	13	14	15
16	17	18	19	20	21	22
23	24	25	26	27	28	29
30	31					

벌써 6월이다. 6월은 잘못이 없다.

6
June

1

월
Mon

의병의 날

쇠약해진 후로, 어머니는 TV 드라마에 좀 더 몰두했다. 화장실에 가려고 방을 나서면, 마루의 TV 앞에 앉아 졸고 있는 어머니를 발견한다. "앉아서 주무시지 말고, 들어가서 주무세요." 선잠에서 깬 어머니가 대답한다. "졸고 있을 때가 행복해."

오늘날 정계는 무대이며, 정치는 쇼다. 정치인에게 쇼한다고 비난하는 것은 연체동물에게 뼈 때리는 비판을 하는 것과 같다. 차라리, 개그맨에게 "웃기고 있네"라고 비난하는 게 낫다.

함부르크의 미술공예박물관에서 본 메멘토 모리memento mori. 죽음과 실랑이를 벌이는 인간을 묘사한 〈타락, 죽음 그리고 부활에 대한 우화Allegorie von Sündenfall, Tod und Auferstehung〉를 보았다. 그리고 '삶과 죽음의 역십자꺾기'라고 내 나름대로 이름을 붙였다. 그런데 죽음이 닥치기 전에 우리는 대개 우리 자신과 이미 역십자꺾기를 하고 있지 않나. 죽음은 마치 태그매치 하는 레슬러처럼 다가와서 말한다. "이젠 내 차례야."

권력자가 지나치게 설치거든 나직하게 중얼거려라. 세계는 당신 것인지 몰라도 삶만큼은 내 것이다.

6
June

3

수
Wed

제9회 전국동시지방선거

〈라이프 오브 파이〉(2012)는 신에 대한 이야기이기도 하지만, 어떻게 그 오랜 표류 기간을 견뎌 살아남았는가 하는 이야기이기도 하다. 살아남을 수 있었던 이유는 뗏목에 호랑이와 함께 탔기 때문이다. 호랑이 때문에 긴장을 늦출 수 없었고, 그 긴장이 그를 강하게 만들었고, 그 강함이 그로 하여금 대양을 건너게 했다. 현재 당신이 표류 중이라면, 당신의 호랑이는 누구인가.

7
July

29

수
Wed

국제 호랑이의 날

앞으로는 찍을 가치가 있는 후보가 있을 때만 선거를 치르고, 없을 때는 거북점을 치거나 신의 계시에 맡기기로 하자.

6 June

4

목 Thu

"'교수가 집을 살 때! 그때가 가장 고점이다. 교수가 증권가에 보이면! 그때가 끝물'이란 말을 오늘 들었다"라는 문장을 읽었는데, 이 정도면 교수가 꽤 중요한 지표 역할을 하는 것 같기도.

세계대전 당시 잠수함 수병들은 잠수함에 토끼를 데리고 탔다는 설이 있었지. 심해에서 작전을 수행하다가 토끼가 숨을 헐떡이기 시작하면 그걸 지표로 사용했다고. …아, 이건 관계없는 얘기구나.

7
July

28

화
Tue

정치인들이, 칼럼니스트들이, 마케터들이, 기획자들이, 관료들이 그리고 조갈증에 시달리는 사람들이 인문학을 찾고 있다. 인문학은 어딘가에 잘 피신해서 살아 있기 바란다.

6
June

5

금
Fri

환경의 날

야수가 이미 공을 잡았다는 사실을 알았음에도 불구하고, 홈으로 뛰어야만 하는 주자는 얼마나 비극적인가?
그에게는 선택의 여지가 없다. 그는 자신의 아웃을 향해 달려야 한다. 야구 경기 중 가장 흥미로운 부분이다.

7 July

27

월 Mon

유엔군 참전의 날

그래 맞아, 당신이 분노하는 것은 삶의 불완전함에 민감해서 그런 거야. 그 분노에는 죄가 없다.

6
June

6

토
Sat

현충일
망종

완성된 것은 그 나름의 심미성을 띤다. 그래서 완벽한 천박함은 더 이상 천박하지 않다. 완벽한 멍청함도 더 이상 멍청하지 않다. 한국에서는 많은 이가 많은 일을 대충 한다. 대충 하기 위해 많은 노력을 기울인다. 그들이 언젠가 대충주의를 완성하길 바란다.

7
July

26

일
Sun

공동체를 이루는 데 있어서 계약보다, 혹은 교환 관계 보다 중요한 것은 상호 돌봄의 관계가 아닐까. 어떻게 하면 일상에서 돌봄을 잘 받을 수 있는가. 각자의 방식대로 귀여워야 한다.

6 June

7

일 Sun

베를린국립회화관에 다녀왔을 때였다. 예상대로 훌륭했고 몇 가지 수확이 있었다. 내 개인 컬렉션 중에는 바니타스 vanitas 회화류가 있는데, 그중 한줄기는 책을 소재로 한 바니타스 회화. 그날 주목한 것은 아예 책을 해골 아가리에 쑤셔 넣는 종류의 것이다. 서점 장바구니를 클릭할 때마다 이 그림을 떠올릴 것이다.

7
July

25

토
Sat

중복

며칠 동안 마음 한구석에서 그의 '시간'이 떠나지 않는다. 문수 스님은 3년 동안 지보사에서 문밖을 나서지 않는 이른바 무문관식의 정진을 해오다가, 문을 나서서 곧바로 소신공양을 하러 갔다고 한다. 3년 만에 문밖을 나선 그 순간부터 스스로의 육신에 불을 붙이기까지 그 짧은 '시간'의 밀도와 질감을 상상한다. 며칠째 내 마음 한구석은 상상한다.

6
June

월
Mon

주사위가 기억력이 생기자, 주사위는 사표를 냈다. 더 이상 공정하게 일을 할 자신이 없어요.

7 July

24

금 Fri

좋은 게 좋은 거라는 태도는 이제 그만 보고 싶다.

6
June

9

화
Tue

프랑스식 행복을 제대로 경험하려면, 파리도 프로방스도 아닌, 보르도 부근에 가서 사랑하는 사람과 함께 자전거를 타야 한다고 들었다. 같이 갑시다.

7 July

23

목 Thu

대서

새벽에 받는 부고는 인류의 분류법을 생각해보게 한다. 죽은 사람과 죽어가는 사람과 살고 있는 사람과 죽고 싶은 사람과 죽고 싶은 정도는 아니지만 딱히 살고 싶지도 않은 사람과 너무나 살고 싶은 사람과 태어나고 있는 사람과 태어날 사람과⋯.

6
June

10

수
Wed

6·10만세운동 기념일
6·10민주항쟁 기념일

사람 대부분은 자신에게 돌아가지 못하고, 자신의 근처를 서성거리다 죽는다.

7
July

22

수
Wed

역사를 제대로 알려주지 않으니, 현 상황에 대해 난독증이 생기겠지. 이 나라 밖에 대해 제대로 알려주지 않으니, 이 나라의 상황이 제대로 보이지 않겠지. 살날이 많이 남은 이들은 부디 한국과 외국을, 과거와 현재를 부지런히 드나들길.

학자는 자신의 분야가 '사유를 연마하는 분야thinking discipline'라고 불릴 자격이 있는지 자문해야 한다. 입에 걸리는 대로 아무 말이나 하는 분야나, 자료 수집에 불과한 분야는 사유의 훈련장이 아니다.

7 July **21** **화** Tue

영화 〈플로리다 프로젝트〉(2017)를 보면, 불행 속을 걷는 어린 주인공이 쓰러진 나무를 보며 이렇게 말한다.
"내가 왜 이 나무를 좋아하는지 알아? 이 나무는 쓰러졌는데도 계속 자라거든."
산책길에서 쓰러진 나무를 볼 때마다, 그리고 나를 포함한 누군가가 쓰러질 때마다, 이 대사가 떠오른다.

6
June

12

금
Fri

세계 아동노동 반대의 날

"젊은 날 난봉꾼이었으나." 인생의 공_空을 깨닫기 전에 대개 이 과정을 거치는 거 같더라…. 너무 어려운 첫 번째 관문이 아닌가.

7
July

20

월
Mon

나무에 머리를 기대고 잠시 혼자 있으면
좋기도 하고 슬프기도 하던데.

6
June

13

토
Sat

절에 가면 소원을 써넣은 기와들을 눈여겨보곤 한다. 언젠가 두 소원이 눈에 들어왔다.

"평범하게 살게 해주세요."
"사업 잘 풀리길(모비스 向, LG 向, 삼성 向 등)."

후자는 아마 주식시세(?)에 관련된 소원. 정말 소원을 말해보라고 하면, 난 눈물이 나서 말못 할거 같은데.

7 July **19** **일** Sun

정치의 문제는 어쩌면 간단하다. 무임승차자와 화전민을 어찌할 것인가.

6 June

14

일 Sun

헌혈자의 날

카라바조의 〈잠 자는 큐피드Amorino Dormiente〉를 눈앞에서 보았는데, 수년 전 피렌체에서 볼 때와 느낌이 완전히 달랐다. 이 그림을 큐피드에 대한 재해석으로 보아온 기존 연구에 이의를 제기하고, 잠에 대한 재해석으로 보아야 한다는 취지의 글을 써보고자 하는 생각이 잠시 들었으나, 인생은 짧고 귀찮기 때문에 저녁 먹으러 갔다.

백허그와 업히는 것은 종이 한 장 차이다.

6 June

15

월 Mon

노인학대 예방의 날

"서울대에 위장 취업한 자유인"이라는 말을 들었다.

7
July

17

금
Fri

제헌절

동료 교수 S가 "대학은 왜 유능한 학자 집단이 되지 못하고 무능한 관료 집단이 되는가"라고 한탄하자, 동료 교수 L이 "대학은 왜 유능한 학자 집단이 되지 못하고 무능하고 부패한 관료 집단이 되는가"라고 정정했다.

다른 사람들에게 내 문제를 이야기하지 말라며? 그들은 내가 문제가 있다는 사실에 기뻐할 뿐이라며? 함께 고민해주지 않으니까 이야기할 필요 없다며?
그러니 다른 사람들에게 자기 문제를 이야기해주는 것은 어떤가. 다른 사람들을 기쁘게 하려고, 이타심에서.

7
July

16

목
Thu

논문 심사장에 논문 안 읽고 들어오는 교수들은 어두운 동굴에 들어가서 마늘과 쑥을 먹기 바란다.

6 June

17

수 Wed

초심初心 같은 것은 존재하지 않을지도 모른다. 그러나 종종 초심을 말해야 할 때가 있다. 깊은 성찰 없이 건국한 나라도 건국 정신을 말해야 할 때가 있듯. 제발 초심이 있었다고 이야기해주게. 다만 지금은 기억이 나지 않을 뿐이라고.

7 July

15

수 Wed

초복

〈문라이즈 킹덤〉(2012). 사랑스러운 빌 머레이. 그는 여전히 웃기고 여전히 분노에 차 있다. 둘 중 하나만 했다면 이처럼 사랑스럽지는 않았을 것이다.

매사에 '그럴 수 있다'라고 생각할 필요가 있다. 그 생각의 대가가 희망의 잠정적 포기일지라도.

7 July

14

화 Tue

북한이탈주민의 날

만화를 보며 약간의 위로를 구할 것이다.

6 June

19

금 Fri

단오

다들 강해지고 싶어 하지 않나. 강해지는 좋은 방법은 상대를 용서하는 것이다. 강해진 다음에 상대를 용서하는 게 아니라, 상대를 용서함으로써 강해진다.

7
July

13

월
Mon

잘못을 인정하고 사과하는 이유는, 자신의 잘못을 정당화하기 위해 또 다른 잘못을 할까 봐….

6
June

20

토
Sat

세계 난민의 날

그날 술자리의 요약.
C 군이 행복이란 네스호의 괴물 같은 것이라고 주장하자, T 양이 행복은 네스호의 괴물이 아니라 네스호 같은 것이라는 취지로 반박했다.

7 July **12** 일 Sun

나는 먼지 관찰자다. 먼지를 가만히 들여다보면 거기에 우주가 있다. 인간이란 이름의 깊은 먼지.

6
June

21

일
Sun

세계 음악의 날
하지

인구 감소가 그토록 문제인가. 호모사피엔스라면 인간 재생산 여부 정도는 선택할 수 있어야 하는 게 아닐까. 마찬가지 이유로, 삶을 양껏 누린 후에 오는 안락사를 지지한다. 안락사는 삶과의 안전 이별이다. 내가 생각해본 스위스 안락사 여행 광고문. '호모사피엔스가 이 정도는 해내야지 않겠습니까!'

7
July

11

토
Sat

인구의 날

학기가 끝나면, 어떤 학생은 선생에게 길고 정갈한 편지를 쓴다. 당신은 아직 살아 있어도 된다는 내용의 편지를. "다소 두서없는 인사였지만 제 진심이 전달되기를 바랄게요. (…) 더운 여름 건강 유의하세요!"

6 June **22** **월** Mon

정치학자 마루야마 마사오에 대해 들은 이야기들. 그는 만나서 헤어질 때까지 쉴 새 없이 이야기했고, 자신의 견해를 바꾸는 경우는 거의 없었으며, 물건을 버리지 못해 다 모아두었으며, 수면제를 과다 복용했으며, 그의 아들 하나는 자살했다. 그리고 문학부를 깔보았다.

그들이 아직 유명해지기 전, 나는 홍상수의 〈돼지가 우물에 빠진 날〉(1996), 오우삼의 〈영웅본색〉(1986)을 개봉관에서 보았다. 김의성이 이응경의 발가락을 입에 넣는 장면이 지금도 기억나는데, 당시에는 예상치 못한 장면이었다.

권력자란, 누군가가 무언가를 (그걸 하기 싫어도) 하게 하는 사람이겠지.
하기 싫은 걸 안 해도 되기 위해 그간 열심히 살아왔다.
그러니까 하기 싫은 건 안 할 거야.

7 July

9

목 Thu

한국형 의사 결정의 핵심은 결국 '생난리'가 아닐까. 논리적 토론은 실로 희귀하다. 많은 이가 생난리를 쳐서 자기 뜻을 관철한다. 살면서 배웠겠지. 이게 지름길이라고.

6
June

24

수
Wed

전자정부의 날

사람이 희로애락에 휩싸이면, 정보도 왜곡해서 받아들이는 법이다.

7 July

8

수 Wed

정보보호의 날

우리는 모두
과거의 실수와 싸우는 중이다.

6
June

25

목
Thu

6·25전쟁일

일하는 법, 공부하는 법만 가르치는 곳은 많아도 쉬는 법을 가르치는 곳은 드물다. 내가 권하는 휴식법은 이것이다. 사소한 일에 큰 충격을 받은 척하는 것이다. "내가 즐겨 찾던 아이스크림 가게가 이사 가고 말았어!" 이렇게 소리치며 비탄에 잠기는 거다. 한 번도 좋아한 적이 없는 정치인에 대한 지지를 심각하게 철회하는 거다. "당신에게 절대로 투표하지 않겠소이다!" 이렇게 소리치며 단호한 포즈를 취하는 거다.

7
July

7

화
Tue

소서

남에게 도움을 청하는 일은 쉽지 않다. 그러기 위해 자신의 처지를 인정하는 일은 더 쉽지 않다. 인정은 용기가 필요하다. 그래, 인정할 건 인정하자. 난 복부비만이야….

6 June

26

금 Fri

마약퇴치의 날

이사하며 새삼 느낀 점은, 재밌지만 아직 소비하지 못한 콘텐츠를 내가 잔뜩 쌓아 놓고 있다는 사실이었다. 세상과 불화는 지속되고, 그 와중에 그것들을 즐겁게 소비할 것이다.

7
July

월
Mon

바빴던 한 학기를 마무리하고 맞은 첫 주말. 학교에 나와 샌드위치를 먹고 커피를 마신 후, 비 오는 창밖을 무연히 바라보며 이를 닦았다. 쏴아…. 시원하게 비가 오는구나…. 그때 뒤에서 누군가 똥을 누고 변기 물을 내리는 소리가 들렸다. 쏴아…. 이른 장마가 시작되었다.

6
June

27

토
Sat

인간은 문화적 양서류다. 문화에 질리면 야생을 꿈꾸지만, 야생에서 오래 버틸 수는 없다. 다시 문화라는 물에 몸을 적셔야 한다.

7 July **5** 일 Sun

조언을 해주어도 받아들이지 않는다. 조언과 직면하기보다는 자기 편한 대로 해석한다. 관성대로 움직인다. 결국 말아먹는다. 답이 없다…. 이 직업에 있으면서 흔히 보는 반복된 패턴이다.

6 June

28

일 Sun

철도의 날

부조리한 날의 연속이다. 가마쿠라의 메이게쓰인에 갔더니, 너무나 아름다워 성불에 장애가 될 것 같은 수국이 한가득 피어 있었다. 도쿄에 돌아와서 탄 전철에서는 내 앞에 선 중년 남자가 가방에서 술을 꺼내더니 선 채로 혼자 마시기 시작했다. 이 모든 것에서 깨어나면, 그때가 죽음인 걸까.

7
July

토
Sat

대학 시절에는 공부, 운동, 연애만 하는 게 좋다고 한다. 대개 그중 두 가지는 반드시 선생이 필요하다.

6 June

29

월 Mon

립서비스…. 누가 립서비스 운운하면, 영어의 본래 뜻보다는 뽀뽀한다는 뜻으로 들린다.
립서비스하다 = 뽀뽀하다….
그건 립서비스에 불과해 = 그건 뽀뽀에 불과해….
정치인의 립서비스 = 정치인의 뽀뽀….

7 July

3

금 Fri

아이러니를 사랑해. 그게 인생이니까.

6
June

30

화
Tue

어떤 학기 강의 평가.
"너무 할 게 많아요. 솔직히 3학점 말이 안 되는 것 같아요. 9학점으로 바꿔주세요."
그런가. 대찬성임. 그러면 나도 적게 강의할 수 있어서 개이득.

7 July **2** 목 Thu

이제 일력을
반대쪽으로 돌려
사용해주세요.

7월 1일이라고 자판을 치는 손가락이 떨렸다. 올해 상반기가 속절없이 가버렸다는 사실을 부정하라고 음력이 존재하는 것이다.

7
July

1

수
Wed

사회적기업의 날

7

July

			1	2	3	4
5	6	7	8	9	10	11
12	13	14	15	16	17	18
19	20	21	22	23	24	25
26	27	28	29	30	31	